AU SECOURS ! Qui m'a piqué mon jean fétiche ? J'en ai vraiment marre de cette baraque !
J'me casse

Kiffe ta life t'as un ADO

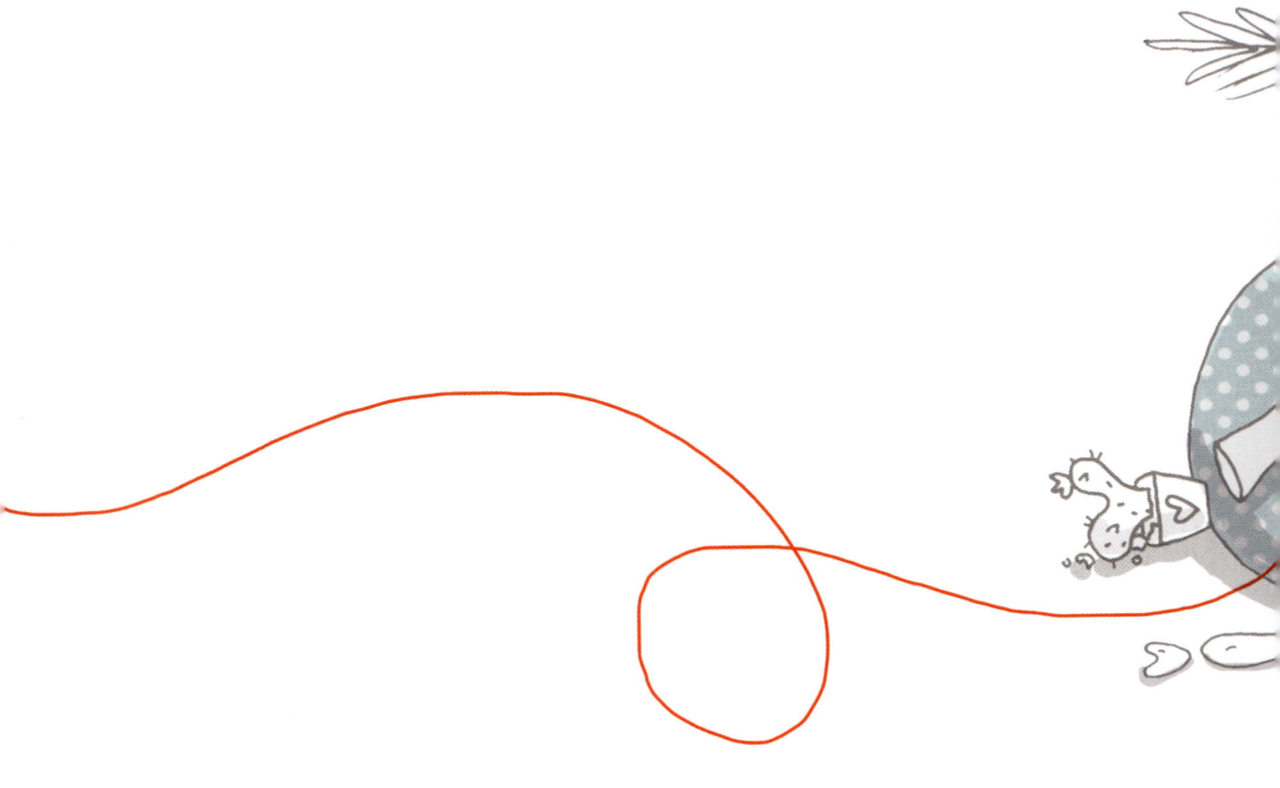

Alexandra Brijatoff

Kiffe ta life t'as un ADO

MARAbulles

#Nombril

Ben quoi ?
Qu'est-ce que j'ai
fait encore ?

Houhou... je suis rentrée. Il y a quelqu'un ?

La métamorphose

ALLÔ...
EST-CE QU'IL Y A QUELQU'UN ?
Mais maman pourquoi tu hurles comme ça ? T'es DINGUE, on n'est pas sourds !
CUISINE
CUISINE
COKE

Aaah, ben vous êtes là ? Comme personne ne me répondait...
OK mum.. Bon ben maintenant, tu peux p't-être dire bonjour à Max !
MAX ? Naaaan... je rêve !
COKE

Mais...
qu'est-ce qui
t'est arrivé cet été,
une mutation ?
Dire que je ne t'ai
même pas reconnu,
c'est FOU !
NAN MAIS
T'AS QUASI
LA TAILLE DE
TONY PARKER
AVEC LE PIF DE
BASHUNG,
LA CLASSE !
Mamaaan...
COKE

Quand je pense que j'ai changé tes couches...
Oooh, mais tes pieds, c'est hallucinant ! Tu trouves des pompes à ta taille ?
Et attends, V là aut' chose... Mais tu te rases ! Coco, regarde, MAX SE RASE ! C'est un tsunami hormonal qui t'est tombé dessus mon Maxou !

Nan mais c'est pas vrai... Mais qu'est-ce qui t'as pris ? Lâche-le à la fin. Est-ce que nous on déboule, comme ça en te demandant si t'es ménopausée ?

Les 5 péchés capitaux

LA GOURMANDISE

Rendez-vous manqués

Mais maman, T'ES OÙ LÀ ? T'avais rendez-vous avec ma prof de maths à 16 h 45. J'me suis fait grave défoncer, moi !
Ma chérie, Dolto a dit : « Une punition intelligente est une punition qui permet à l'enfant de réfléchir à sa faute, ainsi il sera en mesure de changer son comportement. » Bisous, mon chaton.
LYCE
Colo.

Jamais assis, toujours avachi

Coco

Coco

Eh, la baleine échouée, t'as rien à faire ? Tu comptes rester vautré toute la soirée ?
Maman, relax... J'ai adopté un angle d'assise à 127°, identifié par les scientifiques de la NASA comme la position « zéro gravité », qui me permet de me débarrasser des tensions extrêmement fatigantes dues à ma croissance.
Et la télécommande, elle fait aussi partie du programme de la NASA ?
Coca

Pudique…

Allez, Coco, dépêche-toi, ça fait 10 fois qu'on t'appelle pour le dîner.
AAAH ! Mais ça va pas ? Je ne suis pas habillée, sors… SORS TOUT DE SUITE ! Au secours !!!

... or not pudique

Juste pour vérifier !

Rituel de passage

Parce que toi, si t'as en permanence...
ACNE
le cheveu gras...
des boutons plein la gueule...
une surdose d'œstrogénes...
BOUM
des crises de nerfs à répétition...
SMELL GOOD
une odeur de daube...
des barbelés sur les dents...
des coups de déprime, et, le pire du pire...
NANA
de nouveau des couches !!!

... tu trouves ça magique et merveilleux ? Déso, mais soit t'es folle, soit t'as Alzheimer !
Sache, ma fille, que dans certains endroits du monde, il y a des rituels initiatiques extrêmement sophistiqués, qui sont bien loin du « petit package » de la mère attentionnée. La jeune fille est mise en marge de la société, scarifiée, menacée, excisée même ! Alors, pas la peine de nous faire un fromage avec tes trois boutons et tes bagues.
PHARMA

Le bordel, comment y faire face

Méthode classique

Ma chérie, ça doit être impossible de se mettre au travail dans un environnement aussi hostile. Tu as une solution ? Que proposes-tu de mettre en place pour que ta chambre puisse être vivable ?
Que t'y entres plus.
CARTE DE FRANCE
I ♥ ENGLISH

Jardin secret

MAAAX, TU BOSSES, OUI OU MERDE ?
AAAH ! Mais t'es folle !

Nan mais c'est ouf, ça... À part me demander sans arrêt de bosser, de poser mon tél, de ranger mon bordel, de prendre ma douche, de pas fumer, de pas boire et de vous aider, vous ne me demandez rien ! Vous vous en foutez, en fait, de ma vie, de ce qui me fait triper, de ce qui m'angoisse, de qui je suis ! Tu fais que bosser et m'gueuler dessus. Trop top, la relation !
T'as complètement raison, Max, mea culpa ! Alors, raconte... tes rêves, tes envies, tes projets ?
... .
Euh ouais, mais nan... Déso, c'est trop ma vie privée, là !

Les 5 Péchés capitaux

LA COLÈRE

Réveil du matin… chagrin

Ça s'agite au pays des hormones et le taux de mélatonine pète les plombs… Résultat, c'est pas contre toi, mais ton ado est au bout de sa vie le matin.

Cocorico, les p'tits moineaux... Il est 8 heures !

08.30

On ne peut rien en tirer avant 10 h. Pas la peine de s'énerver, il suffit de le savoir !

Problème d'hygiène ?

~~Soirée torride~~ La Grande librairie

Le monde animal

Et attends, nan mais flaire mon jean... y sent le vomi !

Et mon haleine, c'est une infection ou ça va ?

SNIF
WRRRSH
PRRR !

QUOI ?
Nan mais attends, j'y crois pas ! T'es ENRHUMÉE ? Deux heures que tu me renifles pour RIEN ?
Merci, vraiment merci. Maintenant, je suis à la bourre et je pue... grâce à toi.

Être prise pour
une « mère-truffe » et
en plus me faire traiter
comme un chien...
Super !

L'élagage

Mais je rêve, toujours au fond de son plumard !
Mais m'man, laisse-moi, ch'uis en plein élagage de neurones, làà !
Séance de tri. Mon cerveau ne garde que les meilleurs neurones pour accélérer leurs connexions. Gros boulot, c'est crevant.
Super. Eh bien, demande à ton cerveau d'élaguer en position verticale et va mettre la table !
12:05

Les 5 péchés capitaux

LA PARESSE

Plan B

Nan mais Clem, j'te jure, j'ai trop l'seum : mon jean fétiche SÈCHE ! J'peux juste plus aller à la soirée de Vio moi !
Sûr, c'est mort avec Max !
AVEC UN SÉCHOIR ? Merci meuf, Pure idée !
dream your life...

Gaston Lagaffe

Mais ça va pas, NAAAN... Tu trouves vraiment que je lui ressemble ? Mais t'es grave BIGLEUX ou quoi ?
ÇA, C'EST DINGUE !

#Famille

* L'enjaille : la teuf

Toi, Blanche-Neige, moi, vieille peau

Sache qu'à un moment ou un autre, tu vas développer le « syndrome de la belledoch à Blanche-Neige »

Maman, tu sais qu'il y a des gens qui meurent de faim dans le monde ? Qu'il y a des mômes qui dorment sur des décharges et 20 millions de personnes qui n'ont pas accès à l'eau potable ?
Alors, l'intérêt du lifting, tu m'expliques ?
Où est le rapport ?!

Donc voilà, JE TE PRÉVIENS, si tu mets un pied chez le chir-esthétique, je quitte la maison.
Vivre avec une meuf de 45 ans qui pense qu'à sa gueule et qui ressemble à une momie de 20 ans, ça me donnerait limite envie de vomir ! Et puis c'est chacune son tour.
C'est fou ce que t'es égocentrée...!

Notion de base n°1

Sachez que l'adolescent, est par définition, agressif...
Ce n'est pas contre vous, c'est physiologique.

Génération sourde et muette

La fin de la monarchie

JE VEUX REDEVENIR LA REINE MOI, MERDE !
Ma pauvre cocotte, mais t'y es pas du tout ! Maintenant, le truc, c'est la démocratie participative.
C'est-à-dire participative à quel niveau?
bombasse

La dépendance, moi, jamais !

Sache qu'à chaque coin de rue, la crise cardiaque te guette.

NAAAN !
MAIS JE RÊVE,
TU FUMES ?

Blablablaaa, BLABLA, immature, blabla blaaaa bla blabla... qu'on en crève, bla blaaaa blabla, avant l'âge ! Bla blablabla, peau pourrie... Blablablaaa, poumons merdiques et puis direct un bon gros CANCER ! Bla bla bla bla, vie foutue, réfléchis !

Nan mais attends, ça n'a rien à voir avec le cancer. Nous, c'est juste pour le style !
Puis, ch'uis pas tebé, dis que je deviens dépendante, j'arrête !

Notion de base n°2

Sachez que l'adolescent ne vous loupera pas…
Ce n'est pas contre vous, c'est systématique.

Le monde entier est un cactus....

Toute façon, tu peux pas la blairer, Clem.
Le lendemain...
bzzzz
Bonne journée...
Journée de merde, oui !
Le surlendemain...
Tu veux jouer avec moi ?
NAN !
Le jour suivant...
À Table !
J'ai pas faim !
5 jours plus tard...
bzzzz

Ma chérie, ce matin je pensais à toi...
Et je me suis dis qu'il était vital que tu fasses un effort avec Coco ! Vos disputes ne sont plus supportables.
Je bosse comme un dingue, je suis crevé et quand je rentre, c'est IRRESPIRABLE !
Alors, s'il te plaît, mets de l'eau dans ton vin et sois un peu adulte...
Et toi, papa, mets-toi ton dîner aux chandelles où je pense et va te faire un bon McDo de merde avec ton cactus de fille ! Mais surtout, arrêtez tous les deux de me pourrir l'existence, sinon je te previens, je me barre et tu gères seul sa CRISE D'ADO pourrie.
Pauv' type !

Jeune homme,
Si vous voulez
un p'tit conseil...
ne vous mariez
JAMAIS
et surtout n'ayez
pas d'enfants.
Vous finiriez
alcoolique, hic !

Attrape-phone

JEU N°1 : CACHE-CACHE

Participants : vous et votre ado.
Règles du jeux : Vous devez surprendre votre ado avec son mobile.
Anywhere, anytime, attention… restez caché !

JEU N°2 : CHAT

Participants : on prend les mêmes et on recommence.
Règles du jeu : vous devez (toujours) surprendre votre ado avec son mobile,
Mais là, c'est une question de vitesse. Prenez-le de court !

T'as raison. Je suis trop vieille.
Mais tu veux jouer toi !
Tu aimes la chasse au trésor ? Alors à chaque fois que tu trouves le téléphone de ta sœur tu me l'apportes et je t'offre...

Alors ça, c'est vraiment dégueulasse. Tu soudoies Choupette maintenant ? Tu lui apprends à faire la COLLABO ? J'hallucine. Bravo l'éducation pourrie !
CLAC !

Tu peux lui dire : oui...

Et là, tu te fais trop du bien !

Mais tu peux lui dire : non !

Et là, mieux vaut être solide !

Notion de base n°3

Sachez que l'adolescent a besoin de faire la gueule...
Ce n'est pas contre vous, c'est une maladie chronique.

Le déni t'évite les ennuis

B'soir...Dites, vous avez vu l'état de l'escalier?
Euh... non !
Encore un coup à vot' gamin. L'a descendu un sac plein de bouteilles d'alcool, sauf que ça fuyait. Pas malin, le garçon !
Les tâches... elles démarrent devant vot'porte. moi j'vous l'dis, avec ses potes, y boit.
Madame Rosa, mon fils ne boit pas. Et puis... comment pouvez-vous être sûre que c'est lui ?

Ah madame Dupont, je vous préviens, j'veux plus voir traîner la bande de voyous à vot'ado dans l'immeuble. J'ai eu des plaintes… et en plus de la nuisance du bruit, y flotte des odeurs de fumée qui trompent pas !
Encore une aut'fois et j'appelle les flics !
Mais, madame Rosa, mon fils ne connaît pas de voyous… Qu'est-ce que c'est que cette histoire, encore ?
Ça n'a pas cessé d'entrer et de sortir de CHEZ VOUS ! Des airs de racaille que j'vous dis.

Maman ? Qu'est-ce que tu fous là ? Tu te planques ?
Chuuuuut, J't'expliquerai ! En attendant, surtout, ne bouge pas.

Question de génération

Vade retro satanas

Nicooo, c'est hoooorible, aaatroce, je suis DÉVASTÉE ! Max, MON Maaax, notre bébé que j'ai porté, nourri, torché, lavé, bordé, aimé…
IL REGARDE DES PORNOS IMMONDES SUR SON iPHONE !
MAIS REGARDE !
NAAAN !
Qu'est-ce qu'on a bien pu merder à ce point dans notre éducation pour en arriver là ?

MAAAX !
Viens ici tout de suite !
Non mais c'est quoi ce bordel, Max ? T'es complètement immature et irresponsable ou quoi ?
Vraiment, je suis très déçu !

Laisser traîner ton iPhone DÉVEROUILLÉ dans la cuisine… dans l'antre maternelle, MAIS ÇA VA PAS, NON !?!!!

Sûr, on prend cher !

Et euh, en réfléchissant, là, je me demandais... trois séances par semaine, ce serait envisageable ?

Parce que c'est MONSTRUEUX cette image quotidienne de vieux débri has been que ma fille me renvoie. cette perversion adolescente de me dire que tout ce que je fais est naze tout ce que je porte est moche et tout ce que je dis est con. Je suis pas préparée MOI !
Vous trouvez vraiment que je suis vieille et moche ?

Notion de base n°4

Sachez que l'adolescent a besoin de faire de l'ironie…
Ce n'est pas contre vous, c'est pathologique.

En opposition

Ma chérie, sache que vous, les ados, vous vous construisez sur les limites que l'on vous impose !
J'ai donc le devoir d'oser le NON, l'autorité et la fermeté, et je n'en dérogerai pas ! L'opposition est un mécanisme essentiel à ta construction.. Et comme le dit la psychiatre Sophie Campredon : « Face à un mur en béton, l'ado se cogne et rebondit, face à un mur de sable, il s'étiole. »
VIRE-MOI CE PIERCING !

Nan mais MAMAN, houhou, relax, C'est un faux ! J'vais à la teuf déguisée de Marie, là,
Et sinon, toi, ta jupe, on en parle... ?

Raboule le fric

Bouffée d'oxygène

Exercice n°1 : respiration abdominale

Si t'en peux plus, si t'es à deux doigts de balancer ton ado par la fenêtre… cette page est faite pour toi.

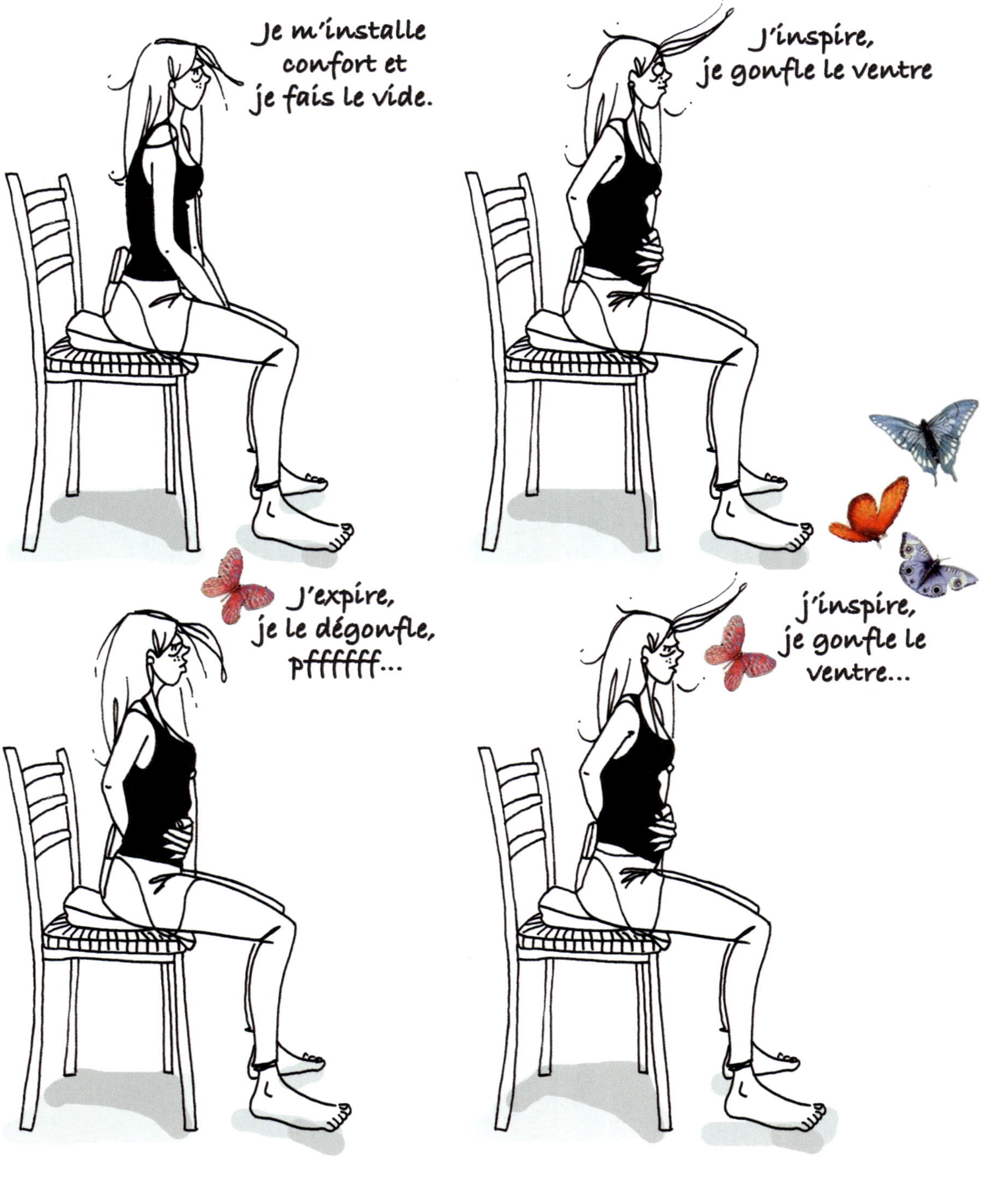

MAMAN !
J'EN AI MARRE,
Y A JAMAIS RIEN
À BOUFFER DANS
CETTE BARAQUE.

#Tribu

Trop dar, je kiffe de ouf, meuf !

Langue tribale

*Se faire chiner : se faire draguer. ** Dar : cool. *** BG : beau gosse.

Quand les chats s'en vont…

art c'est
l'ordre
Ben

W

... les souris dansent !

Nan mais Max, tu vas NOUS EXPLIQUER ce que c'est que cette PORCHERIE ?
On passait un super week-end… jusqu'au coup de fil de la gardienne !
Elle nous a hurlé que la prochaine fois que tu organises une orgie de boutonneux dégénérés, alcooliques et camés, elle appelle les flics, puis le Syndic, et se débrouille pour nous faire VIRER.

l'art c'est de l'ordre
Mais vous êtes complètement MALADES de débarquer comme ça, à l'improviste ! J'ai une vie, moi, figurez-vous !

Les 5 péchés capitaux

LA JALOUSIE

Tu t'es vu quand t'as fumé !

L'ado croit sûrement qu'être au milieu de 35 de ses congénères avachis noiera le poisson !

Bouffée d'oxygène

Exercice n°2 : yoga, la salutation au soleil

Ensuite...
la posture « truc »
que je déteste...
Et après... ?
Merdeee, ces
trous de mémoire !
Pour une fois
que je me détendais.

Alors,
si comme moi,
bouffée par le stress,
tu démarres un Alzheimer,
voici mon super plan B :
rapide tu fais un p'tit tour
dans la tanière de ton ado,
et à tous les coups,
si tu fouilles bien
dans son bordel,
tu trouves du matos...
Si si, j'te jure !
SKY

Et la tendresse, bordel !

Tu pensais que ton ado n'avait que 3 mots de vocabulaire, good news, il en a 6 !

Le troisième âge

Mum, en rentrant, est-ce que tu peux passer au collège récupérer mes cours, sinon c'est la mort pour mon DT de vendredi. Tu demandes à Margot, c'est la bête de la classe.
On peut dire s'il te plaît, ou pas ? Bon, je la reconnais comment ta surdouée ?
Converses roses, un jean Abercrombie et une veste genre Canada-Goose
08:00

Alors... je me mets à quatre pattes pour voir qui a des converses roses,
ou est-ce que cette Margot m'en voudra si je huuurle son prénom ?!

Langue tribale 2

Z : friend zone. **La hass : la honte. ***Closer : choper. ****Chimique : étrange.

Bonnes excuses

Ah, bonjour. comment va Clem ? Je m'inquiète... J'ai l'impression que c'est vraiment pas la grande forme ! Je crois que votre divorce l'affecte beaucoup
Mais enfin, je ne divorce pas... Et Clémentine est en pleine forme. C'est pas Coco qui fait une dépression ?
ULANGER
orange 9.90€

C'est si beau, Paris

Mais...

Mais attends, Max… mais tu la prends d'où ta photo, là ???

MAIS T'ES DEBOUT SUR UN TOIT !
Mais avec tes potes vous êtes gravement IRRESPONSABLES ! Vos hormones vous ont bouffé le cerveau ou quoi ? C'est hyper dangereux, Max, merde !
Eeeeh, relax !! On fait pas du Yamakasi. Nous on va pas jumper sur les tours de Beaugrenelle. On s'est JUSTE fait un spot, à la cool, sans changer de toit. Et cette fois, on n'a même pas picolé, alors ça va... c'est bon !

Nan mais moi, en fait, je suis juste INCAPABLE de survivre à tout ce stress !

T'as le look, Coco, t'as le look !

Trop classe, elles vont être GRAVE jalouses !

Trop CANON, ton pull, meuf !
Ouais, j'le kiffe grave. J'te jure c'était la folie... J'me suis acheté des bêtes de trucs !
Et les pompes de Léa. Z'avez vu comme elles sont trop dingues, ça lui fait un de ces culs !
GERARD DOREL

Nan mais attendez, y a pas que les fringues dans la life ! Quand on sait que c'est des mômes en Inde qui cousent nos soutifs dans des usines glauques pour deux euros la semaine, moi perso, ça m'fait gerber.
On pourrait peut-être arrêter de se mater et tourner la tête vers le reste du monde. Y a des milliards de Syriens qui crèvent de froid. Ça vous interpelle pas un peu plus, ça ?
Vous avez rien à donner au lieu d'accumuler ?
Eh, on sait que t'as été privée de soldes ! Pas le peine de nous pourrir !
GERARD DOREL

Cause toujours

… sauf si on se fait pas choper !

Elles sont vraiment trop belles !
Ouais... enfin si c'est pour s'exhiber sur les réseaux sociaux et finir comme Kim Kardashian, merci !

Langue tribale 3

*Avoir le seum : être énervé, dégoûté.

Je t'aime…

…J'veux monter à ta grotte cachée sous les toits, mon cœur part en poussière quand je suis loin de toi… J'veux pas que t'aies mal, j'veux pas que t'aies froid… et tout m'est égal, tout à part toi… Je t'aime comme un fou, je t'aime comme un roi, je t'aime comme un homme qui n'est rien loin de toi…

… moi non plus.
Alors, Max, tu t'l'es faite Cléo ou pas ?
Ben grave, mec… Toutes des grosses chaudasses ! Elles demandent que ça. Avec les meufs, une seule règle : tu te sers, TU CONSOMMES… et puis tu jettes ! Faut surtout pas laisser la marchandise se périmer !

Binge drinking

THAT'S BINGE DRINKING !!!

URGENCES PÉDIATRIQUES

Eh bien, docteur, il m'a juste dit qu'ils allaient peut-être jouer au « big blungking » et qu'il allait gagner !

Eh bien, il a gagné... un bon petit coma éthylique !
Pardon ?

Si tu veux éviter un violent traumatisme à ta belle-mère,
prends le temps de bien vérifier son niveau d'anglais avant de lui confier ton rejeton !

#Déclaration d'indépendance

Ben oui, j'me casse. J'vais pas moisir dans ce trou !

LE MENSONGE

Mais bien sûr que je bosse, là ! C'est possible de me faire confiance, pour une fois ?
FUCK

En bon voisinage…

ADIEU !

Bonsoir monsieur, si je ne m'abuse votre fille s'est installée sur MON palier.
C'est pour une durée indéterminée ou vous comptez lui faire reintégrer votre appartement dans les heures qui viennent ? ...

Le compte est bon

Soucieux des autres, il sera

Attends, mais vous êtes des oufs. J'pars plus en vacances avec vous, moi !
C'est fini les p'tites vacances tout étriquées ou au final on pense qu'à soi ! Je vois en grand... j'me tourne vers plus désespéré que moi... j'me donne aux causes perdues. Cet été, MOI, je fais « bénévole » dans l'HUMANITAIRE et pas touriste à papa !

Bonjour madame, ce serait pour le bénévolat aux Philippines. Vous dire que ch'uis dispo du 10 au 18 juillet donc...
Ah bon, ce s'rait en août ? Au Burkina ?...
3 SEMAINES ?
Ah ouais, mais j'pars surfer chez mon pote Noé en août, moi !...

Le Bafa ? C'est quoi c'te formation ? Z'êtes sûre que c'est obligatoire ?
Ah ouais... grosse grosse galère. Et sinon pour le billet d'avion, ça se passe comment ? Vous me l'envoyez ?

Jeune homme, nous ne sommes pas une agence de voyage ! Les billets d'avion sont aux frais des bénévoles. Merci de rappeler quand vous serez vraiment motivé.
Ben déso.... ch'uis ni Crésus, ni Jésus !

Euh, juste pour savoir... Tu comptais louer un truc où pour cet été ?

Même pas peur

Chacun sa croix

Oooh là là, tout de suite les grands mots ! Mais maman, plus je suis pénible, vulgaire, hystérique, méchante, égocentrique... moins mon départ de la maison te fera souffrir.
Je fais ça pour toi, moi !

Sachez que quand votre ado réussit à s'exprimer… le bout du tunnel n'est plus très loin !

No more limits

... Et donc je voulais te remercier. Grâce à toi, j'ai découvert des sensations complètement dingues ! J'ai tellement kiffé que j'ai décidé d'en faire tous les week-ends !
Mon Dieu ! Est-ce que ce serait immoral de lui dire qu'en fait je préfère qu'il boive ?

Juste sauver le monde

Allez, on lâche la bride !

Mais maman,
vous êtes graves à l'ouest.
Personne n'appelle ses
parents, j'te jure !
Tu verrais...
c'est tellement
beau, ici !

ON EST LES ROIS DU MONDE !

Surtout, faites-leur confiance, le monde leur appartient !

Un immense **merci** à tous,
mais plus spécialement à mon Amour pour sa patience,
ses encouragements et sa cuisine (eh oui, il a bien été obligé de s'y mettre pour nourrir la marmaille et, c'est officiel, il est bien plus doué que moi :-)
À ma Valou, mon inspiratrice, pour son aide, ses tonnes d'idées, ses bêtes de sourires et ses claquements de porte… qui m'obligent à être « éveillée ».
À mon Man pour son regard incisif de pré-ado mâle et son humour dévastateur.
À Clara et Zélie pour leur autonomie toute cette année, leur bonne humeur, leurs rires et leurs câlins qui m'ont tellement portée. Merci aussi à Titine pour son accompagnement précieux, à Véronique, Aurianne, Hippolyte, Vio, Sevim, Delphine, Mum et Mélin (ma sœur chérie) pour les idées, les cafés, les rigolades, les expériences partagées, « l'ortografe corigé ». Merci surtout à Sophie et Hélène, mes éditrices, qui m'ont renouvelé leur confiance et accompagnée de leur enthousisasme tout au long de ces 8 mois.
Merci à VOUS qui me permettez de vivre ma passion.

Imprimé en espagne par Estella Graficas
pour le compte des Éditions Marabout
Dépôt légal : Août 2017
978-2-501-12233-7
67 0689 3
Édition 01